북 치는 소년

국립중앙도서관 출판시도서목록(CIP)

북치는 소년 / 지은이: 김종삼. -- 양평군 : 시인생각, 2013
   p. ;   cm. -- (한국대표명시선100)

ISBN 978-89-98047-68-9 03810 : ₩6000

"김종삼 연보" 수록
한국시[韓國詩]

811.62-KDC5
895.714-DDC21   CIP2013012175

한 국 대 표
명 시 선
1 0 0

김 종 삼

북 치는 소년

시인생각

■ **차 례** ──────────── 북 치는 소년

1

북 치는 소년   11
시인학교   12
그리운 안니·로·리   14
라산스카   16
미사에 참석한 이중섭 씨   17
받기 어려운 선물처럼   18
해가 머물러 있다   20
돌각담   21
쑥내음 속의 동화   22
오월의 토끼똥·꽃   24
아틀리에 환상   25

한국대표명시선100 김종삼

2

술래잡기　29

올페　30

문장수업　31

부활절　32

뾰죽집　33

앙포르멜　34

드뷔시 산장山莊　35

아우슈비츠·Ⅰ　36

올페의 유니폼　37

연인戀人　38

음역音域 ―종문宗文 형에게　39

3

기동차가 다니던 철둑길   43

행복   44

평화   45

최후의 음악   46

고향   47

어부   48

피카소의 낙서   49

미켈란젤로의 한낮   50

백발白髮의 에즈라 파운드   51

배음背音   52

이 짧은 이야기   53

4

서시 57

원정園丁 58

산 60

시작詩作 노트 61

스와니 강이랑 요단 강이랑 62

아우슈비츠 라게르 63

소금 바다 64

풍경 65

베들레헴 66

투병기 67

아데라이데 68

5

묵화墨畵 73

평범한 이야기 74

G·마이나 —전봉래全鳳來 형에게 75

둔주곡遁走曲 76

민간인 77

라산스카 78

앤니로리 79

성당聖堂 80

누군가 나에게 물었다 81

새 82

김종삼 연보 83

1

북 치는 소년

내용 없는 아름다움처럼

가난한 아희에게 온
서양 나라에서 온
아름다운 크리스마스카드처럼

어린 양羊들의 등성이에 반짝이는
진눈깨비처럼

시인학교

공고公告

오늘 강사진

음악 부문
모리스 라벨
미술 부문
폴 세잔느

시 부문
에즈라 파운드
모두
결강

　김관식金冠植, 쌍놈의 새끼들이라고 소리 지름. 지참한 막걸리를 먹음. 교실 내에 쌓인 두터운 먼지가 다정스러움.

　김소월金素月
　김수영金洙暎 휴학계

전봉래全鳳來
김종삼金宗三 한 귀퉁이에 서서 조심스럽게 소주를 나눔.
브란덴부르크 협주곡 제5번을 기다리고 있음.

교사校舍.
아름다운 레바논 골짜기에 있음.

그리운 안니·로·리

나는 그동안 배꼽에
솔방울도 돋아
보았고

머리 위로는 몹쓸 버섯도 돋아
보았습니다 그러다가는
〈맥웰〉이라는
노의老醫의 음성이

자꾸만
넓은 푸름을 지나
머언 언덕 가에 떠오르곤 하였습니다

오늘은
이만치 하면 좋으리마치
리봉을 단 아이들이 놀고 있음을 봅니다

그리고는
얇은
파아란

페인트 울타리가 보입니다

그런데
한 아이는
처마 밑에서 한 걸음도
나오지 않고
짜증을 내고 있는데

그 아이는
얼마 못 가서 죽을 아이라고

푸름을 지나 언덕 가에
떠오르던
음성이 이야기르 하였습니다

그리운
안니 • 로 • 리라고 이야기르
하였습니다.

라산스카

바로크시대 음악 들을 때마다
팔레스트리나 들을 때마다
그 시대 풍경 다가올 때마다
하늘나라 다가올 때마다
맑은 물가 다가올 때마다
라산스카
나 지은 죄 많아
죽어서도
영혼이
없으리

미사에 참석한 이중섭 씨

내가 많은 돈이 되어서
선량하고 가난한 사람들을 위해 맘 놓고 살아갈 수 있는
터전을 마련해 주리니

내가 처음 일으키는 미풍微風이 되어서
내가 불멸不滅의 평화가 되어서
내가 천사가 되어서 아름다운 음악만을 싣고 가리니
내가 자비스런 신부神父가 되어서
그들을 한 번씩 방문하리니

받기 어려운 선물처럼

주일主日이 옵니다. 오늘만은
그리로 도라 가렵니다.

한켠 기다란 담장길이 벌어져
있는 얼마인가는 차츰 흐려지는
길이 옵니다.

누구인가의 성상과 함께
눈부시었던 꽃밭과 함께 마중 가 있는 하늘가입니다.

모—든 이들이 안식날이랍니다.
저 어린 날 주일 때 본
그림
카—드에서 본
나사로 무덤 앞이었다는
그리스도의 눈물이 있어 보이었던
그날이랍니다.

이미 떠나 버리고 없는 그렇게
따시로웠던 버호니[母性愛]의 눈시울을 닮은 그이의 날이
랍니다.

영원히 빛이 있다는 아름다움이란
누구의 것도 될 수 없는 날이랍니다.

그럼으로 모-두들 머물러 있는 날이랍니다.
받기 어려웠던 선물처럼……

해가 머물러 있다

뜰악과 태와苔瓦마루에 긴 풀이 자랐다.
한 모퉁이에 작은 발자욱이 나 있었다.

풀밭이 내다 보였다. 풀밭이 가끔 눕히어지는 쪽이 많았다.
옮아간다는 눈치였다.

아직
해가 머물러 있다.

돌각담

다음부터
광막한 지대이다.

기울기 시작했다.
십자형의 칼이 바로 꽂혔다.
견고하고 자그마했다
흰 옷포기가 포기어 놓였다.

돌담이 무너졌다 다시 쌓았다
쌓았다
쌓았다 돌각담이
쌓이고
바람이 자고 틈을 타
동혼凍昏이 잦아들었다.

쑥내음 속의 동화

옛 이야기로서 고리타분하게 엮어지는 어렸을 제 이야기이다. 그맘때만 되며는 까닭이라곤 없이 재미롭지도 못했고 죽고 싶기만 하였다.

그 즈음에는 인간들에게 염치라곤 없이 보이리만큼 너무 지나치게 아름다움이 풍요하였던 자연을 가까이 하면 할수록 더욱 그러하였다.

고양이란 놈은 고양이대로 쥐새끼란
놈은 쥐새끼대로 옹크려져 있었고
강아지란 놈은 강아지대로 밤늦게까지
나를 따라 뛰어놀았다.

어렴풋이 어두워지며 달이 뜨는
수숫대로 만든 바주 울타리 너머에는
달이 오르고 낯익은 기침과 침 뱉는 소리도 울타리 사이를 그때면 간다.

풍식이란 놈의 하모니카는 귀에 못이 배기도록 매일같이 싫어지도록 들리어 오곤 했다.

자라나서 알고 본즉 「스와니 강의 노래」였다.

선율은 하늘 아래 저편에 만들어지는 능선 쪽으로 날아갔고.
내 할머니가 앉아 계시던 밭이랑과 나와 다른 사람들과의 먼 거리를 만들어 주기도 하였다.

모기쑥 태우던 내음이 흩어지는 무렵
이면 용당패라고 하였던 해변가에서
들리어 오는 오래 묵었다는 돌미륵이 울면 더욱 그러하였다.
자라나서 알고 본즉 바닷가에서 가끔 들리어오곤 하였던 고동소리를 착각하였던 것이었나.

──이때부터 세상을 가는 첫 출발이 되었음을 몰랐다.

오월의 토끼똥·꽃

토끼똥이 알알이 흩어진
가장자리에 토끼란 놈이 뛰어놀고 있다,

쉬고 있다,

피어오르는 아지랑이의 체온은 성자처럼 인간을 어차피 동심으로 흘러가게 한다. 그리고 나서는 참혹 속에서 바뀌어지었던 역사 위에 다시 시초의 여러 꽃을 피운다고.

메말라버리기 쉬운 인간 <성자>들의
시초인 사랑의 새움이 트인다고,

토끼란 놈은 맘 놓은 채
쉬고 있다.

아틀리에 환상

아틀리에서 흘러나오던
루트비히의
주명곡奏鳴曲
소묘의 보석길

한가하였던 창가娼街의 한낮
옹기장수가 불던
단조單調

2

술래잡기

심청일 웃겨 보자고 시작한 것이
술래잡기였다.
꿈속에서도 언제나 외로웠던 심청인
오랜만에 제 또래의 애들과
뜀박질을 하였다.

붙잡혔다.
술래가 되었다.
얼마 후 심청은
눈 가리기 헝겊을 맨 채
한동안 서 있었다.
술래잡기 하던 애들은 안됐다는 듯
심청을 위로해주고 있었다.

올페

올페는 죽을 때
나의 직업은 시詩라고 하였다
후세 사람들이 만든 애기다

나는 죽어서도
나의 직업은 시가 못된다

우주복처럼 월곡月谷에 둥둥 떠 있다
귀환 시각 미정.

문장수업

헬리콥터가 떠 간다
철둑길 연변으론
저녁 먹고 나와 있는 아이들이 서 있다
누군가 담배를 태는 것 같다
헬리콥터 여운이 띄엄하다
김매던 사람들이 제집으로 돌아간다
고무신짝 끄는 소리가 난다
디젤 기관차 기적이 서서히 꺼진다

부활절

성벽에 일광이 들고 있었다
육중한 소리를 내는 그림자가 지났다

그리스도는 나의 산계급이었다고
죄 없는 무리들의 주검 옆에 조용하다고

내 호주머니 속엔 밤 몇 톨이 들어
있는 줄 알면서
그 오랜 동안 전해 내려온 전설의
돌층계를 올라와서
낯모를 아이들이 모여 있는 안쪽으로
들어섰다 무거운 거울 속에 든 꽃잎새처럼
이름이 적혀지는 아이들에게
밤 한 톨씩을 나누어주었다

뾰죽집

뾰죽집이 바라보이는 언덕에
구름장들이 뜨짓하게 대인다.

영아嬰兒가 앞만 가린 채 보드라운
먼지를 타박거리고 있다. 놀고 있다.

뾰죽집 언덕 아래에
아치 같은 넓은 문이 트인다.

영아는 나팔 부는 시늉을 했다.

장난감 같은
뾰죽집 언덕에

자줏빛 그늘이 와
앉았다.

앙포르멜

　나의 무지無知는 어제 속에 잠든 망해亡骸 쎄자아르 프랑크가 살던 사원 주변에 머물렀다.

　나의 무지는 스떼판 말라르메가 살던 본가本家에 머물렀다.

　그가 태던 곰방댈 훔쳐 내었다.
　훔쳐낸 곰방댈 물고서
　나의 하잘 것이 없는 무지는
　방 고호가 다니던 가을의 근교 길바닥에 머물렀다.
　그의 발바닥만한 낙엽이 흩어졌다.
　어느 곳은 쌓이었다.

　나의 하잘 것이 없는 무지는
　쟝 뽈 사르트르가 경영하는 연탄공장의 직공이 되었다.
　파면되었다.

드뷔시 산장山莊

결정짓기 어려웠던 구멍가게 하나를 내어놓았다.

'한푼어치도 팔리지 않았음은 물론이고'

오늘도 지나간 것은 분명 차 한 대밖에 ──

그새
키 작고 현격한 간격의 바위들과
도토리나무들이
어두움을 타 들어앉고
꺼먼 시공뿐.
선회되었던 차례의 아침이 설레이다.

── 드뷔시 산장 부근

아우슈비츠 · I

어린 교문校門이 보이고 있었다
한 기슭엔 잡초가.

죽음을 털고 일어나면
어린 교문이 가까웠다.

한 기슭엔
여전如前 잡초가,
아침 메뉴를 들고
교문에서 뛰어나온 학동學童이
학부형을 반기는 그림처럼
복실 강아지가 그 뒤에서 조그맣게 쳐다보고 있었다
아우슈비츠 수용소 철조망
기슭엔
잡초가 무성해 가고 있었다

올페의 유니폼

천정에 붙어 있는
흰 헝겊이 한 꺼풀씩
내리는 무인경無人境의 아침
아스팔트의 넓이는 산길이 뒷받침하는 호수 쪽 푸른 제비의 행동이었다.

인공의 영혼 사이
아스팔트길에는 시속위반의 올페가 타고 뺑소니치는 경기용 자전거의 사이였다.

휴식은 무한한 푸름이었다.

연인戀人

어느 산간 겨울철로
접어들던 들판을 따라
한참 가노라면
헌 목조건물
이층집이 있었다
빨아 널은 행주조각이
덜커덩거리고 있었다
먼 고막鼓膜의 귀신의 소리

음역音域
   — 종문宗文 형에게

나는 음역들의 영향을 받았다
구스타프 말러와
끌로드 드뷔시도 포함되어 있다
그들의 경향과 거리는
멀고 그 또한
구름빛도 다르지만……

3

기동차가 다니던 철둑길

할아버지 하나가 나어린 손자 하나를
데리고 살고 있었다.
할아버진 아침마다 손때 묻은 작은 냄비,
나어린 손자를 데리고
아침을 재미있게 끓이곤 했다.
날마다 신명께 감사를 드릴 줄 아는
이들은 그들만인 것처럼
애정과 희망을 가지고 사는 이들은
그들만인 것처럼
때로는 하늘 끝머리에서
벌판에서 흘러오고 흘러가는 이들처럼

이들은 기동차가 다니던 철둑길
옆에서 살고 있었다.

행복

오늘은 용돈이 든든하다
낡은 신발이나마 닦아 신자
헌옷이나마 다려 입자 털어 입자
산책을 하자
북한산성행 버스를 타 보자
안양행도 타 보자
나는 행복하다
혼자가 더 행복하다
이 세상이 고맙고 예쁘다

긴 능선 너머
중첩된 저 산더미 산더미 너머
끝없이 펼쳐지는
멘델스존의 로렐라이 아베마리아의
아름다운 선율처럼.

평화

고아원 마당에서 풀을 뽑고 있었다.
선교사가 심었던 수십 년 되는 나무가 많다.

아직
허리는 쑤시지 않았다.

잘 먹이지도 입히지도 못하지만
잠깨는 아침마다 오늘 아침에도
어린 것들은 행복한 얼굴을 지었다.

최후의 음악

세자아르 프랑크의 음악 <바라아숑>은
야간夜間 파장波長
신의 전원電源
심연의 대계곡大溪谷으로 울려퍼진다

밀레의 고장 바르비종과
그 뒷장을 넘기면
암연暗然의 변방과 연산連山
멀리는
내 영혼의
성곽

고향

예수는 어떻게 살아갔으며
어떻게 죽었을까
죽을 때엔 뭐라고 하였을까

흘러가는 요단의 물결과
하늘나라가 그의 고향이었을까 철따라
옮아다니는 고운 소릴 내릴 줄 아는
새들이었을까
저물어가는 잔잔한 물결이었을까

어부

바닷가에 매어둔
작은 고깃배
날마다 출렁거린다
풍랑에 뒤집힐 때도 있다
화사한 날을 기다리고 있다
머얼리 노를 저어 나가서
헤밍웨이의 바다와 노인이 되어서
중얼거리려고

살아온 기적이 살아갈 기적이 된다고
사노라면
많은 기쁨이 있다고

피카소의 낙서

 뿔과 뿔 사이의 처량한 박치기다 서로 몇 군데 명중되었다 명중될 때마다 산속에서 아름드리나무 밑동에 박히는 도끼의 소리다.

 도끼 소리가 날 때마다 구경꾼들이 하나씩
나자빠졌다.

 연거푸 나무 밑동에 박히는 도끼 소리.

미켈란젤로의 한낮

거암(巨岩)들의 광명
대자연 속
독수리 한 놈 떠 있고
한 그림자는 드리워지고 있었다.

백발白髮의 에즈라 파운드

심야의
성채
덩치가 큰 날짐승이 둘레를 서서히
떠돌고 있다.
가까이 날아와 멎더니
장신의 백발이 된다
에즈라 파운드이다
잠시 후 그 사람은 다른 데로 떠나갔다

배음背音

몇 그루의 소나무가
얕이한 언덕엔
배가 다니지 않는 바다,
구름바다가 언제나 내다보였다.

나비가 걸어오고 있었다.

줄여야만 하는 생각들이 다가오는 대낮이 되었다.
어제의 나를 만나지 않는 날이 계속되었다.

골짜구니 대학 건물은
귀가 먹은 늙은 석전石殿은
언제 보아도 말이 없었다.

어느 위치엔
누가 그린 지 모를
풍경의 배음이 있으므로,
나는 세상에 나오지 않은
악기를 가진 아이와
손 쥐고 가고 있었다.

이 짧은 이야기

한 걸음이라도 흠 잡히지 않으려고 생존하여 갔다.
몇 걸음이라도 어느 성현이 이끌어주는 고되인 삶의 쇠사슬처럼 생존되어 갔다.
아름다이 여인의 눈이 세상 욕심이라곤 없는 불치의 환자처럼 생존하여 갔다.
환멸의 습지에서 가끔 헤어나게 되면은 남다른 햇볕과 푸름이 자라고 있으므로 서글펐다.
서글퍼서 자리 잡으려는 샘터, 손을 잠그면 어질게 반영되는 것들.
그 주변으론 색다른 영원이 벌어지고 있었다.

4

서시

헬리콥터가 지나자
밭이랑이랑
들꽃들일랑
하늬바람을 일으킨다
상쾌하다
이곳도 전쟁이 스치어갔으리라.

원정園丁

평과苹果 나무 소독이 있어
모기새끼가 드물다는 몇 날 후인
어느 날이 되었다.

며칠 만에 한 번만이라도 어진
말솜씨였던 그인데
오늘은 몇 번째나 나에게 없어서는
안 된다는 길을 기어이 가리켜 주고야 마는 것이다.

아직 이쪽에는 열리지 않는 과수밭
사이인
수무나무 가시 울타리
길 줄기를 벗어나
그이가 말한 대로 얼만가를 더 갔다.

구름 덩어리 얕은 언저리
식물이 풍기어 오는
유리 온실이 있는
언덕 쪽을 향하여 갔다.

안쪽과 주위라면 아무런
기척이 없고 무변無邊하였다.
안쪽 흙바닥에는
떡갈나무 잎사귀들의 언저리와 뿌롱드 빛깔의 과실들이
평탄하게 가득 차 있었다.

몇 개째를 집어 보아도 놓였던 자리가
썩어 있지 않으면 벌레가 먹고 있었다.
그렇지 않은 것도 집기만 하면 썩어 갔다.

거기를 지킨다는 사람들이 들어와
내가 하려던 말을 빼앗듯이 말했다.

당신 아닌 사람이 집으면 그럴 리가 없다고——.

산

샘물이 맑다 차겁다 해발 3천 피트이다

온통

절경이다

새들의 상냥스런 지저귐 속에

항상 마음씨 고왔던

연인의 모습이 개입한다

나는 또다시

가슴 에이는 머저리가 된다

시작詩作 노트

담배 붙이고 난 성냥개비불이 꺼지지 않는다 불어도 흔들어도 꺼지지 않는다 손가락에서 떨어지지도 않는다.
새벽이 되어서 꺼졌다.
이 시각까지 무엇을 하며 살아왔느냐다 무엇 하나 변변히 한 것도 없다.
오늘은 찾아가보리라
사해死海로 향한
아담교橋를 지나

거기서 몇 줄의 글을 감지하리라

요연遼然한 유칼리나무 하나.

스와니 강이랑 요단 강이랑

그 해엔 눈이 많이 나리었다. 나이 어린
소년은 초가집에서 살고 있었다.
스와니 강이랑 요단 강이랑 어디메 있다는
이야길 들은 적이 있었다.
눈이 많이 나려 쌓이었다.
바람이 일면 심심하여지면 먼 고장만을
생각하게 되었던 눈 더미 눈 더미 앞으로
한 사람이 그림처럼 앞질러 갔다.

아우슈비츠 라게르

밤하늘 호숫가엔 한 가족이
앉아 있었다
평화스럽게 보이었다

가족 하나하나가 뒤로 자빠지고 있었다
크고 작은 인형 같은 시체들이다

횟가루가 묻어 있었다

언니가 동생 이름을 부르고 있다
모기 소리만 하게

아우슈비츠 라게르

소금 바다

나도 낡고 신발도 낡았다
누가 버리고 간 오두막 한 채
지붕도 바람에 낡았다
물 한 방울 없다
아지 못할 봉우리 하나가
햇볕에 반사될 뿐
조류鳥類도 없다
아무것도 아무도 물기도 없는
소금 바다
주검의 갈림길도 없다.

풍경

싱그러운 거목들 언덕은 언제나 천천히 가고 있었다

나는 누구나 한번 가는 길을
어슬렁어슬렁 가고 있었다

세상에 나오지 않은
악기를 가진 아이와
손 쥐고 가고 있었다

너무 조용하다.

베들레헴

시야가 푸른 여인이 살아가던 성터이었다.

우거지었던 숲 사이에 비 나리던 어느 하오에도
다른 안개 속에서도
어릴 때 생활이었던 꿈속에서도

다른 날씨로서 택하여 가던 맑은 날씨에도 푸른 시야는 아로삭히곤 가는
환상의 수난자이고 아름다운 인도주의자였다.

각각으로 가하여지는 푸른 시야
베들레헴.

투병기

다시 끝없는 황야가 되었을 때
하늘과 땅 사이에
밝은 화살이 박힐 때
나는 좌객坐客이 되었다
신발만은 잘 간수해야겠다
큰비가 내릴 것 같다.

아데라이데*

나 꼬마 때 평양에 있을 때
기독병원이라는 큰 병원이 있었다
뜰이 더 넓고 푸름이 가득 차 있었다
나의 할머니가 입원하고 있었다
입원실마다 복도마다 계단마다
언제나 깨끗하고 조용하였다
서양 사람이 설립하였다 한다
어느 날 일층 복도 끝에서
왼편으로 꼬부라지는 곳으로 가보았다
출입문이 반쯤 열려 있었다
아무도 없었다 맑은 하늘색 같은 커튼을 미풍이 건드리고 있었다
가끔 건드리고 있었다
바깥으론 몇 군데 장미꽃이 피어 있었다
까만 것도 있었다
실내엔 색깔이 선명한
예수의 초상화가 걸려있었고
널찍하고 기다란 하얀 탁자 하나와 몇 개의 나무의자가 놓여져 있었다
먼지라곤 조금도 찾아볼 수 없었다

딴 나라에 온 것 같았다
자주 드나들면서
매끈거리는 의자에 앉아보기도 하고 과자조각을 먹으면서
탁자 위에 뒹굴기도 했다.
고두기(경비원)한테 덜미를 잡혔다
덜미를 잡힌 채 끌려나갔다
거기가 어딘 줄 아느냐고
'안치실' 연거푸 머리를 쥐어박히면서 무슨 말인지 몰랐다

*) 젊은 나이에 요절한 볼프강 아마데우스 모차르트가 일곱 살 때 작곡한 곡명이며 바이올린 협주곡이다 공명共鳴될 때가 많았다.

5

묵화墨畵

물 먹는 소 목덜미에
할머니 손이 얹혀졌다.
이 하루도
함께 지났다고,
서로 발잔등이 부었다고,
서로 적막하다고,

평범한 이야기

한 걸음이라도 흠 잡히지 않으려고 생존하여 갔다

몇 걸음이라도 어느 성현이 이끌어 주는 고된 삶의 쇠사슬처럼 생존되어 갔다

세상 욕심이라곤 없는 불치의 환자처럼 생존하여 갔다

환멸의 습지에서 가끔 헤어나게 되면은 남다른 햇볕과 푸름이 자라고 있으므로 서글펐다

서글퍼서 자리 잡으려는 샘터 손을 담그면 어질게 반영되는 것들 그 주변으론 색다른 영원이 벌어지고 있었다

G·마이나
― 전봉래全鳳來 형에게

물
닿은 곳

신양神恙의
구름 밑

그늘이 앉고

묘연杳然한
옛
G·마이나

둔주곡遁走曲

그 어느 때엔가는 도토리 잎사귀들이
밀리어 가다가는 몇 번인가 뺑그르 돌았다.
사람의 눈언저리를 닮아가는 공간과
대지 밖으로 새끼줄을 끊어버리고 구름줄기를 따랐다.
양지바른 쪽,
피어난 씨앗들의 토지를 지나

띄엄띄엄
기척이 없는 아지 못할 나직한 집이
보이곤 했다.

천상의 여러 갈래의 각광을 받는
수도원이 마주보이었다.
가까이 갈수록

그 자리에만 머물러 있는 사랑하는 사람의 자리.
가까이 갈수록 광활한 바람만이 남는다.

민간인

1947년 봄
심야深夜
황해도 해주海州의 바다
이남以南과 이북以北의 경계선 용당포浦

사공은 조심조심 노를 저어가고 있었다.
울음을 터뜨린 한 영아嬰兒를 삼킨 곳.
스무 몇 해나 지나서도 누구나 그 수심水深을 모른다.

라산스카

집이라곤 비인 오두막 하나밖에 없는
초목의 나라

새로 낳은
한 줄기의 거미줄처럼
수변水邊의
라산스카

라산스카
인간되었던 모진 시련 모든 추함 다 겪고서
작대기를 짚고서

앤니로리

노랑나비야
메리야
한결같이 아름다운
자연 속에
한결같이 마음이 고운 이들이
산다는 곳을
노랑나비야
메리야
너는 아느냐

성당聖堂

이 지상의
성당
나는 잘 모른다

높은 석산石山
밤하늘
헨델의 메시아를 듣고 있었다

누군가 나에게 물었다

누군가 나에게 물었다. 시가 뭐냐고
나는 시인이 못 됨으로 잘 모른다고 대답하였다.
무교동과 종로와 명동과 남산과
서울역 앞을 걸었다.
저녁녘 남대문 시장 안에서
빈대떡을 먹을 때 생각나고 있었다.
그런 사람들이
엄청난 고생되어도
순하고 명랑하고 맘 좋고 인정이
있으므로 슬기롭게 사는 사람들이
그런 사람들이
이 세상에서 알파이고
고귀한 인류이고
영원한 광명이고
다름 아닌 시인이라고.

새

또 언제 올지 모르는
또 언제 올지 모르는
새 한 마리가 가까이 와 지저귀고 있다.
이 세상에선 들을 수 없는
고운 소리가
천체에 반짝이곤 한다.
나는 인왕산 한 기슭
납작집에 사는 산사람이다.

| 김 종 삼 | 연 보 |

1921(1세) 3월 19일 황해도 은율殷栗에서 아버지 김서영 金瑞永과 어머니 김신애金信愛의 차남으로 태어남.

1934(14세) 3월 평양 광성보통학교 입학.
4월 평양숭실중학교 입학.

1937(17세) 7월 숭실중학교 중퇴.

1938(18세) 4월 일본 동경의 도요시마상업학교에 편입학.

1940(20세) 3월 도요시마상업학교 졸업.

1942(22세) 4월 일본 동경문화학원 문학과 입학.

1944(24세) 6월 동경문화학원 문학과 중퇴.

1945(25세) 8월 해방 후 귀국.

1947(27세) 2월 극단 <극예술협회>에 입회하여 연출부에서 음악효과를 담당 함.

1950(30세) 피란지 대구에서 시를 쓰기 시작.

1953(33세) 5월 환도 후 군사 다이제스트 편집부에 입사. 종합잡지 ≪신세계≫에 「원정園丁」을 발표하며 작품 활동을 시작.

1955(35세) 12월 국방부 정훈국 방송과에서 음악담당으로 일하기 시작.

1956(36세) 4월 정귀례鄭貴禮와 결혼.

1957(37세) 김광림, 전봉건과 더불어 3인 시집 『전쟁과 음악과 희망과』(자유세계사) 간행.

1958(38세) 10월 장녀 혜경 태어남.

1961(41세) 4월 차녀 혜원 태어남.

1963(43세) 2월 동아방송(지금의 KBS 제2방송) 총무국에 촉탁으로 입사.

1967(47세) 4월 일반사원으로 제작부에서 연출을 담당함.

1968(48세) 김광림, 문덕수와 더불어 3인 시집 『본적지』(성문각) 간행.

1969(49세) 첫 개인시집 『십이음계』(삼애사) 간행.

1971(51세) 시 「민간인」 외 두 편으로 제 2회 현대시학 작품상 수상.

1976(56세) 5월 방송국 정년퇴임.

1977(57세) 두 번째 개인 시집 『시인학교』(신현실사) 간행.

1978(58세) 3월 한국시인협회상 수상.

1979(59세) 시선집 『북 치는 소년』(민음사) 간행.

1982(62세) 세 번째 개인시집 『누군가 나에게 물었다』(민음사) 간행.

1983(63세) 12월 대한민국문학상 수상.

1984(64세) 5월 시선집 『평화롭게』(고려원) 간행.
12월 8일, 63세를 일기로 영면. 경기도 송추 울대리 길음성당 묘지에 안장.

1988(68세) 『김종삼 전집』(청하) 간행.

〖한국대표명시선100〗을 펴내며

한국 현대시 100년의 금자탑은 장엄하다. 오랜 역사와 더불어 꽃피워온 얼·말·글의 새벽을 열었고 외세의 침략으로 역경과 수난 속에서도 모국어의 활화산은 더욱 불길을 뿜어 세계문학 속에 한국시의 참모습을 드러내게 되었다.

이 나라는 글의 나라였고 이 겨레는 시의 겨레였다. 글로 사직을 지키고 시로 살림하며 노래로 산과 물을 감싸왔다. 오늘 높아져 가는 겨레의 위상과 자존의 바탕에도 모국어의 위대한 용암이 들끓고 있음이다.

이제 우리는 이 땅의 시인들이 척박한 시대를 피땀으로 경작해온 풍성한 시의 수확을 먼 미래의 자손들에게까지 누리고 살 양식으로 공급하는 곳간을 여는 일에 나서야 할 때임을 깨닫고 서두르는 것이다.

일찍이 만해는 「님의 침묵」으로 빼앗긴 나라를 되찾고 잃어가는 민족정신을 일으켜 세우는 밑거름으로 삼았으며 그 기룸의 뜻은 높은 뫼로 솟아오르고 너른 바다로 뻗어 나가고 있다.

만해가 시를 최초로 활자화한 것은 옥중시 「무궁화를 심고자」(≪개벽≫ 27호 1922. 9)였다. 만해사상실천선양회는 그 아흔 돌을 맞아 만해의 시정신을 기리는 일의 하나로 '한국대표명시선100'을 펴내게 된 것이다.

이로써 시인들은 더욱 붓을 가다듬어 후세에 길이 남을 명편들을 낳는 일에 나서게 될 것이고, 이 겨레는 이 크나큰 모국어의 축복을 길이 가슴에 새겨나갈 것이다.

만해사상실천선양회

한국대표명시선100 | 김 종 삼

북치는 소년

1판1쇄 발행 2013년 7월 22일
1판3쇄 발행 2021년 7월 22일

지 은 이 김 종 삼
뽑 은 이 만해사상실천선양회
펴 낸 이 이 창 섭
펴 낸 곳 시인생각
등록번호 제2012-000007호(2012.7.6)
주   소 고양시 일산동구 호수로 688. A-419호
          ㈜10364
전   화 050-5552-2222
팩   스 (031)812-5121
홈페이지 http://www.dhmunhak.com
이 메 일 lkb4000@hanmail.net

값 6,000원

ⓒ 김종삼, 2013

ISBN 978-89-98047-68-9 03810

* 이 책의 저작권은 저자와 시인생각에 있습니다.
* 잘못된 책은 책을 구입하신 서점에서 교환하여 드립니다.

※ 이 책은 만해사상실천선양회의 지원으로 간행되었습니다.